ओस की थपकी

[कविता-संग्रह]

ओस की थपकी

आशुतोष अग्निहोत्री

राधाकृष्ण प्रकाशन

ISBN : 978-81-8361-941-7

ओस की थपकी

पहला संस्करण : 2019
दूसरा संस्करण : 2025

मूल्य : ₹595

प्रकाशक
राधाकृष्ण प्रकाशन प्राइवेट लिमिटेड
जी-17, जगतपुरी, दिल्ली-110 051
शाखाएँ : अशोक राजपथ, साइंस कॉलेज के सामने, पटना-800 006
पहली मंजिल, दरबारी बिल्डिंग, महात्मा गांधी मार्ग, प्रयागराज-211 001
1, अनमोल सोराबजी संतुक लेन, धोबी तलाव, मरीन लाइंस, मुम्बई-400 002
वेबसाइट : www.radhakrishnaprakashan.com
ई-मेल : info@radhakrishnaprakashan.com

मुद्रक
बी.के ऑफसेट
नवीन शाहदरा, दिल्ली-110 032

OS KI THAPAKI
Poems by Ashutosh Agnihotri

अपने पूर्वजों की पुण्य स्मृति में,
विशेषकर, अपने बाबा, स्वर्गीय छगन बिहारी लाल अग्निहोत्री,
अपने नाना, स्वर्गीय शिव कुमार पांडेय
और अपनी दादी, स्वर्गीय शिवकली देवी (जिज्जी) की स्मृति में,
जिनके आशीर्वाद और संचित कर्मों का लाभ मुझे मिला
और जिनकी स्मृति से मेरी चेतना और प्राणवान हुई।

क्रम

भूमिका

ओस निर्मित होती है, गिरती है, मगर आसानी से दिखाई नहीं देती। साँझ की निस्तब्धता में, रात्रि की नीरवता में चुपचाप होता है उसका आना।

वैसे तो ओस हमेशा ही होती है मौजूद—कभी कम, कभी ज़्यादा। बहुत ऊँचे से, आकाश से नहीं गिरती, बल्कि हवा में घुली हुई रहती है, अपने शील, अपनी ठंडक, अपने अस्तित्व को बचाए।

ओस हवा में रहती ज़रूर है, मगर उसका मन उसकी सीमाओं में बँधकर बेचैन ही रहता है। उसे तो होना होता है मुक्त, उसे तो छूनी होती है किसी की तपिश, उसे तो मिटानी होती है किसी की प्यास, मिलना होता किसी की प्रतीक्षा में। इसलिए तो बिना बताए, बिना जताए किसी फूल पर, कहीं घास पर, अपनी स्निग्ध अनुभूति देती है।

बहुत विनम्र, बहुत लजीली होती है ओस। उसे चिल्लाना क्या, ऊँची आवाज़ में बोलना भी नहीं आता। वह धीरे से गाती है, अपने शान्त, संयत, गम्भीर स्वर में, स्नेह से भीगी हुई साँझ में, प्रणय से तपती हुई रात में। उस स्वर में होती है शान्ति, उसमें होता है निवेदन और उसमें होता है समर्पण।

यही शान्ति, यही समर्पण तो है जो उसे एक अलग पहचान देता है। नहीं तो वह भी ज़ोर से चिल्लाती, चिंघाड़ती और वर्षा की भाँति उमड़-घुमड़ कर, सम्पूर्ण वेग से नीचे आती, मिट्टी को गलाती, उसे बहा ले जाती। ओस

ऐसा नहीं करती। वह ऐसे आती है कि किसी को ख़बर भी न हो और ऐसे जाती है कि किसी को पता भी न चले।

अपने हृदय की इच्छाओं की अभिव्यक्ति दूसरों को आतंकित और आलोड़ित किए बिना भी की जा सकती है। यही है ओस की सीख, उसकी प्रेरणा।

देने वाला अपनी भेंट का प्रदर्शन करे, उसका ढोल पीटे, यह भेंट को छोटा कर देता है। जब बिना शोर के, बिना दिखावे के कुछ कहा जाए, दिया जाए, तो उसका प्रभाव ही कुछ और होता है।

आप पूछ सकते हैं कि ओस की थपकी कहाँ होती है। किसने महसूस की है यह थपकी? यह प्रश्न मुझसे किया तो ठीक है, किसी पंखुड़ी, किसी पत्ती, किसी फूल से मत कीजिएगा। मैंने तो न जाने कितनी बार सोचा है कि खुले आकाश के नीचे, हरी घास पर सो जाऊँ और धीरे-धीरे जमने दूँ अपनी पलकों पर ओस की वरक़ और महसूस करूँ अपनी थकी, डरी हुई आत्मा पर ओस की थपकी। मुझे महसूस करनी है वैसी ही थपकी, बिलकुल वैसी, जैसी बचपन में थकी हुई पीठ पर माँ के हाथों की होती थी।

आपको भी मिलती रहे जीवन की असीम शान्ति और स्निग्धता और आपकी हर सुबह ओस में भीगी हुई हो !

—आशुतोष अग्निहोत्री

गुवाहाटी
अक्टूबर, 2019

'हरी, कोमल दूब की सिसकी'

रूसी भाषा के चर्चित लेखक इल्या एहरेनबुर्ग से एक बार पूछा गया, "आधुनिक विश्व-साहित्य में सोवियत साहित्य का योगदान क्या है?" उन्होंने जवाब दिया, "सोवियत साहित्य ने नए पाठक पैदा किए हैं।"

साधारण-सा लगने वाला यह जवाब अपने आप में गहरे अर्थ लिये हुए है। यह सवाल यदि एक कवि ख़ुद से पूछे, तो क्या वही जवाब दे पाएगा, जो एहरेनबुर्ग ने अपने देश के साहित्य के लिए सगर्व दिया था?

जीवन के साथ-साथ कवि-कर्म भी लगातार कठिन होता जा रहा है। गम्भीर साहित्य और लोकप्रिय साहित्य के वर्गीकरण बन चुके हैं। जब कोई पाठक किसी कविता के क़रीब जाता है, तो क्या उसे पहले से इस वर्गीकरण की जानकारी व उसे सराहने का प्रशिक्षण लेना होगा? यह मुश्किल उम्मीद है।

कुछ कवि अपनी सादगी से इस भेद को पाट देते हैं। वे किताबें लिखते हैं, महज़ किताबी दुनिया के लिए नहीं, बल्कि पाठकों के लिए। नये पाठकों की निर्मिति के लिए। वे एकालाप नहीं, संवाद करना चाहते हैं। आशुतोष अग्निहोत्री ऐसे ही कवि हैं। वह अपना सूत महीन कातते हैं। दूब की सिसकी सुनने के लिए घास जितना लाघव छूते हैं और उसे सत्य की सिसकी की तरह सुनते हैं।

(कितनी तेज़, तीखी और दर्दनाक / होती है हरी, कोमल / दूब की सिसकी!)

अस्तित्व की स्वतंत्रता और नैतिकता के प्रश्न आशुतोष की कविताओं में बारहा आते हैं। विकराल रात, सहमे सवेरे के दैनिक चक्र के बीच वह मनुष्यता को संकटग्रस्त करने वाली राक्षसी विशालताओं को प्रश्नांकित करते हैं और जीवन को शीतल बनाने वाली ओसनुमा साधारणताओं का भरसक बखान करते हैं। उनकी कविताओं में एक विशुद्ध राजनीतिक पक्ष देखा जा सकता है, किन्तु यह पार्टीवादी, विचारधारात्मक शब्दजालों से नहीं, क्रूरताओं की निन्दा और सुन्दरताओं की सराहना के आधारभूत कवि-मूल्य से संचालित होता है। निजी इशारों में बात करना उनकी कविता का एक विशेष गुण है। यह परिचित पगडंडियों का भी इशारा है। बौनों की बस्ती में सीधा चलने के ख़तरों से उनका कवि घबराता नहीं।

(बहुत सामान्य-सा है मेरा क़द / बौनों की बस्ती से होकर गुज़रा / और सीधा क्या चला / कि लम्बा लगने लगा)

बौनों की बस्ती में सीधा चलने से मिली अवधारणात्मक ऊँचाई और ऊँचे किले की दीवारों के अन्धकार में छुपे बैठे घातक छोटेपन के बीच आशुतोष अग्निहोत्री की कविता यात्रा करती है। यह कहना ज़रूरी है कि कवि ने प्रश्नांकन और सहानुभूतियों की जो पक्षधरता अपने लिए चुनी है, वह अन्धी नहीं है और आकार-आश्रित निर्णयों में जाकर तर्पित नहीं हो जाती, बल्कि आकार के पार जाकर विवेक की अर्जना करने का प्रस्ताव भी करती है। जो बड़ा दिखे, ज़रूरी नहीं कि वह बुरा हो। और जो छोटा दिखे, ज़रूरी नहीं कि वह भला ही हो। एक कविता में वह कहते हैं कि छुपकर पल रहे चूहे महल को कमज़ोर बनाते हैं और क़िले की रक्षा के लिए—

(दीवार पर तोप / दरवाज़े पर सैनिक / तो ठीक हैं / मगर साथ में चाहिए / कुछ चूहेदानियाँ।)

लेकिन एक प्रहसन के तौर पर यह कहने से भी नहीं कतराते कि—

(किरदार में उतर जाता हूँ/ बदला हुआ ज़माना है / शाह हूँ, पर डर जाता हूँ!)

काँपने और चिल्लाने का अभ्यास करते हुए यथार्थ इस क़दर हमलावर हो जाता है कि स्वाँग और प्रहसन को भी प्रभावित कर देता है। आशुतोष

अग्निहोत्री की कविताएँ जहाँ आत्म के नये अर्थों को खोजने की यात्रा करती हैं, तो वहीं दूसरे के प्रति उनमें गहरी उत्सुकता व मानवीय सहानुभूति भी है। प्राचीन भारतीय चिन्तन का एक प्रमुख आयाम है, अन्य के सन्दर्भ में आत्म का परिष्कार। यदि दूसरे पर सवाल है, तो वहीं ख़ुद पर भी सवाल है। मेज़ पर जमी हुई दूसरे की जूठन देखकर कवि को तुरन्त उन धब्बों का ख़्याल आता है, जो आत्मा के किसी पट या कोने में लगी हों, जिसकी कुरूपता, सूखी-जमी हुई जूठन जैसी हो सकती है और जिसे जानने के लिए अन्तर्दृष्टि चाहिए।

आशुतोष स्मृतिहीन कवि नहीं हैं, जैसा कि हिन्दी के कई कवियों के बारे में कहा जाता है। उनकी कविताओं में महाकाव्यों की कथाओं, पुराकथाओं, लोककथाओं और मिथकों का एक भरा-पूरा, अनवरत् स्मृत, संसार है। क़िस्से-कहानियों की दुनिया उन्हें बहुत आकर्षित करती है। वह जीवन को ही कहानी की तरह देखना चाहते हैं, जिसके अन्त में राक्षस हार जाए। इस कहानी की कल्पना और प्राप्ति उनकी कविताओं का सच है। ऐसे में चिनुआ अचेबे का वह प्रसिद्ध वाक्य याद आता है, जो उन्होंने 'थिंग्स फॉल अपार्ट' में कहा था : 'संसार में ऐसी कोई कहानी नहीं, जो सच न हो।'

इस दुनिया में जितने कवि हैं, कविता की उतनी परिभाषाएँ सम्भव हो सकती हैं, लेकिन उन सबके भीतर कम से कम एक बात तो उभयनिष्ठ होती है कि कविता, कमोबेश, हृदय से निकली हो और, कमोबेश, हृदय को छूती हो। आशुतोष अग्निहोत्री इस उभयनिष्ठता के भी कवि हैं। पूरब से निकलने वाला सूरज अन्ततः पूरब ही पहुँचना चाहता है। उसी तरह, हृदय की छुअन से निकला कवि अन्ततः हृदय को ही छूना चाहता है।

—गीत चतुर्वेदी

मकड़जाल

कितने सालों की मेहनत है
कितने दशकों की साधना
तब जाकर तैयार हुआ है
हवाओं में झूलता हुआ
यह मकड़-जाल!

बड़ी महीन है इसकी बुनाई
दिमाग़ से धीरे-धीरे
रिसती हुई
कभी अपनी
कभी दूसरों की
चिपचिपी थूक से
तैयार किया है इसे
असंख्य मकड़ियों ने।
बहुत सारे सूखे अवशेष
इनकी जकड़न के साक्षी हैं

बहुत बड़ा, बहुत फैला
है यह मकड़-जाल।

कोनों की तो बात ही क्या
हवाओं को भी आदत-सी
हो गयी थी इनकी—
इसीलिए तो जहाँ-तहाँ
दिखते थे ऐसे ही जाल।
सीना फुलाए, पैरों को थिरकाते
चारों ओर दिखते थे
तरह-तरह के—काले, भूरे, मोटे, छोटे
मकड़े और मकड़ियाँ

बड़ी छटपटाहट है—
जिन्हें आदत थी सिर्फ़
ख़ामोश रहकर महीन बुनने की,
अब खीझकर, चिल्ला रहे हैं
मातम मना रहे हैं
अपने टूटे हुए भ्रम का
अपने बिखरे हुए जालों का।

किनारों का प्रायश्चित

कितनी उम्मीद
कितनी बेसब्री थी
किनारों के इंतज़ार में।
कितना गुमान,
कितना ग़ुरूर था मगर
तुम्हारे बहाव में—

कैसे दूर छिटककर,
पलकें झुकाए, दबे पाँव
किनारों के निमंत्रण को
गर्व से
करते हुए अस्वीकार
बहती थीं तुम—
यही किनारे थे
जिन्हें आँख उठाकर
देखना तक तुम्हें
गवारा नहीं था—

और आज,
कैसे सब कुछ भूल कर—
गर्व, गुमान, लाज, संसार
उद्दाम बहती,
उछलती आयी हो
इन्हीं किनारों से लिपटने
इनमें मिलने
इन्हें ख़ुद में मिलाने!

कैसा उन्माद है
कि निगल जाना चाहती हो
इनकी आस को,
कैसा तीखा, पैना है
तुम्हारा स्पर्श
कि पिघल कर
घुल रही है
ख़ुद-ब-ख़ुद
तुम्हारे हृदय में
समय की टीस।

इसलिए तो गूँज रहा है
शोर तुम्हारे हृदय की
व्याकुलता का

उफ़्फ़,
कितनी विकराल है
तुम्हारे प्रणय की चंचलता
कितनी महँगी लग रही है
किनारों की भूल!

क्यूँ जगाया था उन्होंने
प्यार का यह ज्वार
निरंकुश, निरुद्देश्य
कहाँ बहा ले जाएगा
उन्हें, उनमें, उनसे उपजे
जीवन के प्रतिरूप!

रह जाएगा पीछे
शायद कहीं
सिर्फ़ बहाव का पछतावा,
और टूटे, बिखरे किनारों
का प्रायश्चित।

संबल

आसान नहीं है
किसी के लिए खड़ा होना
खड़ा होना भी ऐसे
कि कोई दूसरा भी
सहारा लेकर
खड़ा रह सके!
खड़ा रहना ऐसे
कि अपनी काया पर
दूसरे का
समूचा अस्तित्व
सँभाले, उसे चढ़ाये
पाले, बढ़ाए—

बहुत साहस चाहिए
ऐसा होने,
ऐसा करने के लिए।
सबकी जड़ें

इतनी गहरी नहीं होतीं—
सबके तने
इतने उदार नहीं होते!

बहुत आसान है बेल होना
कमज़ोर रीढ़ का बहाना बनाए
या तो धरती से न उठे
वहीं फैल जाए
और उठे,
तो किसी का सहारा लेकर
उस पर अहसान जताए—
उसके शरीर और प्राण को सोखे
अपनी दुर्बलता पर इतराये!

देखा है कितनी ही बेलों को
ज़मीन पर बेतरतीबी से
सर झुकाए, लोटते हुए
देखा है बहुतों को
आलस से उठते हुए
इठलाते हुए

और छुपाते हुए अपनी दुर्बलता
चमकदार फूलों से।

जानता हूँ आसान है बेल होना
फिर भी न जाने क्यूँ
ख़ुद उठने की, औरों को उठाने की
धँसने की, जमने की, उगने की
पेड़ बनने की चाह
करती रहती है बेचैन!

गहराई

कभी-कभी
पता ही नहीं चलता
कि जिसको भेजा है
सागर की
अतल गहराइयों
को नापने
उसका वजन कितना है

इसलिए अफ़सोस होता है
देखकर—उसे सतह पर
बेवजह उछलते हुए
गहराई के ख़ौफ़ को
लहरों की शिकायत
से ढाँकने की
होती है खोखली
कोशिश!
शायद उसे ख़ुद

अपने
हल्केपन का
नहीं होता इल्म!

पानी में नीचे, गहरे
उतरने के लिए चाहिए
वजन, हौसला, जुनून
और मोतियों को
मुट्ठी में दबाए
ऊपर उठ आने
का भरोसा!

जो सिर्फ़ तैरते हैं
सतह पर
वो किनारों पर
आख़िर में देते हैं
जमी हुई काई
की दुहाई!

टूटन

चिटक-सा गया है
चमकता काँच यह—
दिखती है, चौड़ी होती

मुँह चिढ़ाती
बीच में लकीर।

अपने ही दो हिस्से
दिखते हैं अलग-अलग
एक दूसरे से कटे
खुद में सिमटे
अजीब से टेढ़े-मेढ़े
भद्दे, अधूरे!

अपनी ही तसल्ली
के लिए अपने को
छू कर देखा

तो साबुत पाया
लेकिन जैसे ही
शीशे में उतरा
तो टूटा, चिटका
बिखरा हुआ था
वजूद मेरा।

चमकेगा ही

सूरज का स्वभाव
उसकी प्रकृति,
उसका कर्म
है प्रकाश—

इसके लिए
वह तपता है
वह जलता है
वह उगता है
वह डूबता है
बिना रुके
बिना थके

एक अविरत क्रम में
अपने संघर्ष को
दोहराता है
अँधेरे को मिटाता है

संसार को आलोकित
जीवंत बनाता है।

चुभती है मगर
कुछ आँखों में
उसकी रोशनी
ख़ासतौर से उन्हें
जिन्हें अच्छे
लगते हैं अँधेरे
जिन्हें आदत है
अपनी कुंठा
की कालिमा की

जिन्हें अपनी
सिकुड़ी हुई
आत्मा को
बचाना है
सूरज के फैलाव से।

जिन्हें बचानी हों अपनी आँखें
वही रहें सूरज से दूर
और लगाते रहें
अपनी आँखों पर
ईर्ष्या का
चिपचिपा लेप—

सूरज तो निकलेगा
चमकेगा, और

बिखेरेगा अपनी आभा
उसे तो चमकने के अलावा
कुछ आता नहीं
कुछ भाता नहीं!

असली क़िस्सा

कौन कहता है
कि सिर्फ़ क़िस्से-कहानियों
में ही होते हैं, भयानक
विकराल राक्षस—

जिनके क़दमों की थाप
से थरथरा उठता है आकाश
जिनकी आँखों में उबलती है
दरिंदगी,
हँसी में गूँजती है हवस
जिनके पिंजरों में सिसकती
है मासूमियत
गुफ़ाओं में बरसों
कराहती है ज़िन्दगी।

अग़ल-बग़ल, आस-पास
चारों ओर, दिखते हैं

ऐसे ही चेहरे,
चालाक, वहशी
ख़ूँख़ार आँखें,
खुरदरे हाथ
न भगवान का डर
न क़ानून का ख़ौफ़
अपने भारी, भद्दे पैरों से
रौंदते चलते हैं ज़मीन—

कितनी तेज़, तीखी और दर्दनाक
होती है हरी, कोमल
दूब की सिसकी!

काश कि हम जीते सिर्फ़
क़िस्से कहानियों में!
क्योंकि वहाँ राक्षसों से
लड़ते हैं राजकुमार
गुफ़ाओं से आज़ाद
होती है ज़िन्दगी
हारता है अट्टहास
जीतती है मुस्कान!

कितना अच्छा होता
अगर ज़िन्दगी
सिर्फ़ कहानी होती।
जिसमें
अच्छाई
भले ही दुःख सहती,

मासूमियत चाहे
ख़ूब सिसकती
अंत तक
हताशा घेरे रहती
आख़िरी पन्ने पर मगर
दिखता
हर बार
मरा हुआ
हारा हुआ
राक्षस!

हवाएँ

तरह-तरह की होती हैं हवाएँ
कुछ ऐसे बहती हैं,
कि सिर्फ़
अहसास होती हैं
हल्की-सी थपकी
मीठी-सी छुअन
साँसों में ख़ुशबू समेटे
जीवन कहलाती हैं।

कुछ ऐसे सिकुड़ कर बहती हैं
किसी कुंठा, किसी संकोच में
दुबक जाती हैं
ठहर जाती हैं
बिना बहे, बिना कहे
अपनी ही साँस दबाए
घुटन कहलाती हैं।

कुछ लहरा कर बहती हैं
दुनिया की परवाह किए बिना
बालों को झटकाए,
शर्म, लिहाज़ छोड़कर
दौड़ कर किसी बादल से
लिपट जाने के लिए बेताब
पवन कहलाती हैं।

कुछ अकड़ कर बहती हैं
ग़ुस्से में गरजती
अपनी ताक़त की नुमाइश करती
डराने की, हिलाने की, उखाड़ने की
कभी सफल, कभी असफल
कोशिश करते हुए
बवंडर कहलाती हैं।

हवाओं का काम है बहना
उनकी फ़ितरत है बदलना
तूफ़ान पलों में बीत जाते हैं
जीवन अनंत मुस्कुराता है!

लंका

एक नगर था, सोने का
कुबेर के धन और ऐश्वर्य
रावण के बल और प्रताप
का जगमगाता प्रतीक।

उस नगर का नाम था लंका
सागर के पार, चमकता, दमकता, दुर्ग-सा

अभेद्य था, अजेय था
वह नगर।

उस नगर में, उन्मुक्त
स्वच्छंद गरजता था अभिमान
शोर मचाता

अहंकार था
दपदपाता दर्प था

दर्पण मगर सब धुँधले थे
जिनमें फूले और बड़े तो
दिखते थे शरीर
मगर उनमें नहीं दिखता था
मन का छोटापन।

वही नगर था,
उसी नगर का
ऐश्वर्य था,
उसका अहंकार
जो पल-भर में ही
जिसे

एक साधारण वानर

समझने की
की थी भूल
उसके हल्के विनोद से ही
धुएँ में,

धूल में
मिला गया था

एक माया को

सच समझना
रावण जैसे ज्ञानी

को भी
कितना पड़ा था भारी
फिर किस भ्रम में
हो जाता है

साधारण मनुष्य
इतना अहंकारी!

रीढ़ का भार

हमारे पाँव तो ज़मीन पर जमे
हमारी रीढ़ का वजन उठा लेते हैं
अपनी मंज़िल की तलाश में
चलते-चलते कभी छिल जाते हैं
कुछ छालों से, कुछ ख़राशों से
कुछ धूल के चमकीले कण से
इन्हें सहला कर, हम गिरने नहीं
देते हैं अपना आगे बढ़ने का हौसला।

आपकी बात और है, आप बड़े हैं
अज़ीम हैं, नफ़ीस हैं,
आपको उठाना पड़ता है बहुत भारी वजन

अपने ईमान पर, साथ में वजन है
ज़ुबान का
लड़खड़ा न जाएँ
इसके लिये

सिर्फ़ आपके पैर काफ़ी नहीं हैं
आपको चाहिए महँगे, मज़बूत जूते
बेचारे बैसाखी हैं आपकी
सँभाल कर रखिएगा
उन्हें ख़ुद साफ़ करिए

या करवाइए—
ग़लती से भी उन्हें पहन

हमारे पास मत आइए
आएँगे तो जूतों का तो पता नहीं
लेकिन पैरों के नीचे

ज़मीन नहीं पाएँगे।

ज़ख़्म

बहुत गहरे हैं मेरे ज़ख़्म
कैसे भरेंगे इतनी जल्दी
कल ही की तो बात है
मेरी हवाओं में, जिनमें
घुला हुआ था जीवन
गूँजता था जिनमें
पक्षियों का कलरव
मृत्यु के अट्टहास ने
घोंट कर उनका गला
बना दिया था मुझे
मायूस, निर्जन मरघट!

मेरी हवाओं में
आज भी घुट-घुटकर
कसमसाती हैं चीख़ें
एक दूसरे से छूटते हाथों
की छटपटाहट

गर्वीले मस्तकों के झुकने
की पीड़ा
आज भी अंतर को हिला
देता है बारूद का वह शोर
व्याकुल कोलाहल,
वह असहाय क्रंदन!

हाँ उगे हैं मेरी मिट्टी से
बड़े, ऊँचे, फैले हुए पेड़
लेकिन बड़ी उदास हैं
उनकी जड़ें
कौन समझेगा उनकी वेदना?
अपनों के ही रक्त को
सोख कर, उगने की
खिलने की, बढ़ने की
मजबूरी को समझेगा कोई?

कोई ज़रा-सा खुरच-भर दे
मेरी सूखी, सहमी मिट्टी को
तो रिसने लगेगा मेरी नसों में
सालों से जमा हुआ ख़ून
बहुत गहरे हैं मेरे ज़ख़्म!

बरगद

ऐसे ही बड़ा नहीं हो
जाता है बरगद
कुछ तो है कि
ज़मीन भी नहीं बाँध पाती
है उसका फैलाव
उसकी जटाएँ
विनम्रता में
झुक कर
छू लेना चाहती हैं
अपने जीवन का लक्ष्य
अपने अस्तित्व का सच।

ऐसे ही बड़ा नहीं हो
जाता है बरगद
कितने युगों की साधना
के बाद मिली
अपनी छाया का दान करके

अपने आयुष्य का वरदान
देकर ही बनता है बड़ा
शान्त, स्थिर, अविचल खड़ा
सबको देता है
आशीष, अभय,
संतोष और अमरता
यही तो है उसका बड़प्पन

नहीं तो गमले की
मिट्टी में सिकुड़ा
उसी प्रजाति का वृक्ष
झूठे दर्प में अकड़ा
बिना दया, क्षमा की छाया के
अपने बौनेपन की भद्दी
नुमायश करता हुआ
सिर्फ़ बोनसाई कहलाता है!

सीधी चाल

कभी-कभी कुछ लोगों को
अखरती है मेरी सीधी चाल
ज़मीन पर टिके मेरे पैर
तीर-सी सतर मेरी रीढ़
दूर क्षितिज पर टिकी नज़र
अभय से प्रदीप्त मस्तक
उन्हें बिल्कुल नहीं भाता!!

उन्हें लगता है कि मैं
आकाश से तारे बीन लाने
के लिए नहीं
बल्कि उन्हें उनके छोटेपन का
अहसास दिलाने के लिए ही
अपने पंजों पर उचका हूँ—

उन्हें अचानक लगने लगता हूँ
मैं बहुत लम्बा

और उससे भी लम्बी लगती है
मेरी परछाईं
जिससे डरकर, घबराकर
वे और भी गहरे धँस जाते हैं
फँस जाते हैं
अपने अहम्, झूठ और ईर्ष्या
के दलदल में!

बहुत सामान्य-सा है मेरा क़द
बौनों की बस्ती से होकर गुज़रा
और सीधा क्या चला
कि लम्बा लगने लगा!!

एक अकेली कूक

पहले सुनाई देता था सिर्फ़
इनका सामूहिक चीत्कार
एक साथ फड़फड़ाते हुए
इनके पंख, उन पंखों की आवाज़
और उनका पैना, बिखरा शोर!

ऐसा लगता था कि आवाज़
करने का हक़ सिर्फ़ इनको ही है
इनको जो ऊँचे, बूढ़े, ऊँघते पेड़ों पर
क़ब्ज़ा जमाए, सुबह-शाम
अपनी सत्ता का राग अलापते हैं।

इनको—जो शोर मचाते—
चले आते हैं
हरी घास को नोचते,
ज़मीन के अन्दर खोजते
रेंगती हुई अपनी लिप्सा को!

इनको—जो एक साथ जमा होते,
एक साथ टूट पड़ते,
लड़ते, भिड़ते और शोर
मचाते ही उड़ जाते हैं।
ऐसा लगता था मुझे
कि कभी नहीं दूर होगी
बूढ़े दरख़्तों की उदासी
मगर बीते कुछ दिनों में
शाखें मुस्कुराई हैं
एक अकेली कूक—
मीठी-सी, तीखी-सी—
अपनी एकांत साधना में डूबी
भीड़ के अहंकार पर हँसती हुई
मेरे अन्तर को गुदगुदाकर
पेड़ पर लौट आयी है।

जूठन

इस शख़्स की
नज़र जमी हुई है
मेज़ के कोने पर
बने निशान पर—
निशान है,
किसी की जूठन का
जो जमी रह गयी है
अपनी ज़िद की वजह से नहीं
उपेक्षा के कारण!

रह-रह कर यह शख़्स
देख रहा है इस निशान को
हर बार देखता है,
तो बदल जाता है
इसके चेहरे का भाव
सिकुड़ जाती हैं आँखें

खिंच जाते हैं होंठ
अन्दर तक हिल जाता है
इसका सौन्दर्यबोध!

यह नज़र जमाए
घूरे चले जा रहा है
इस निशान को
चीख़ रहा है इस शख़्स
का ग़ुस्सा, इसका क्षोभ
झेल रहा है चुपचाप
इसकी प्रताड़ना को
यह निर्जीव निशान!

दूसरे की जूठन
मेज़ पर जमी हुई
लगती है कितनी
बदसूरत
ऐसे ही सूखे
जमे हुए निशान हैं
पता नहीं कहाँ-कहाँ
और कितने
कहीं भीतर, किसी कोने में
जमे रह गए हैं जो
जिनको खुरचकर
हटा पाना शायद
मुमकिन भी नहीं!

अच्छा है किसी को
नज़र नहीं आते वे निशान
उन्हें तो घूरती है
सिर्फ़ मेरी अंतर्दृष्टि!

बेख़बर

इतने साल,
हम लेटे रहे बेख़बर
हरी मखमली घास पर—
जिनके नीचे पलते
और रेंगते फ़रेब ने
कब बुन लिया अपना जाल
हमें पता भी नहीं चला

इतने महीन और रेशमी
थे वे धागे
जिनसे हमें
बँधे होने
जकड़े होने का
अहसास ही नहीं हुआ—
बस कभी-कभी
जब वे अपनी केंचुली बदलते
तो हल्की-सी सुरसुरी होती

हल्के-से दबाकर अपने दाँत
हमारे शरीर में
छोड़ते रहे हैं
साल-दर-साल
धीरे-धीरे
अपना ज़हर
और हम लेटे रहे बेख़बर
अपनी आँखें मूँदे
अपनी नसों के नशे में डूबे
कभी बीन बजाते
कभी दूध पिलाते

नीला पड़ रहा है हमारा शरीर
चेतना पर हो रहा है असर
इससे पहले कि डँस लें
हमें हमारे ही पाले सँपोले
हमें झटक देनी होगी
अपनी आस्तीन
और कुचल देनी होगी
उनकी साज़िश!

ताबूत

बहुत भारी है यह ताबूत
इसके अन्दर बस एक
शरीर ही नहीं—
ख़ून से सना, क्षत-विक्षत
नश्वर, निष्प्राण
इसके कोनों में दबी हुई हैं
टूटती साँसें,
गूँजती आहें,
खौलती कराहें
उस पल के साक्षी
जब एक बार फिर
काँच की चूड़ियों ने
लकड़ी के खिलौनों ने
झोपड़ी के अरमानों ने
देश के लिए क़ुरबानी दी—

क़ुरबानी—फिर एक बार
किसी भटके हुए को

समझाने के लिए
किसी रूठे को
मनाने के लिए
उस शान्ति के लिए
जो बरसों से
बर्फ़ में दफ़्न है
उसे जिलाने के लिए!

बड़ा कठिन है
शान्ति की आराधना का मार्ग
जिन्होंने यज्ञ को किया है
भ्रष्ट और कलुषित
उनके अट्टहास को
ख़ून के घूँट पीकर
सुनना
तिरंगे से सजे
गर्व से दमकते
मुस्कुराते
उत्सर्ग का अपमान होगा
अगर रक्त की प्यासी है
बलिवेदी
तो नहला दो इसे
दुश्मन के गरम ख़ून से
नहीं अब और नहीं उठा पाएँगे
क्रोध से, क्षोभ से
अपमान के बोध से
झुके हुए हमारे कंधे
अपनों के ताबूत!

राम की वेदना

कुल की मर्यादा
पिता के वचन
धर्म की रक्षा
के लिए
वनवास स्वीकार किया था
सहर्ष—
वन-वन भटकते
विरह-वेदना सहते
पूरा किया वनवास
और अपना कर्तव्य भी
अधर्म का नाश कर

लौट आया महल
सोचा
कि अब होगा अन्त
संघर्ष का!
मायावी संसार की

मंथरा बैठेगी शान्त
ग़लत था मैं—
अग्निपरीक्षा की आँच में
नहीं झुलसता है
सीता का सत्त्व
मगर ऐसी अग्नि से
कहाँ तपा होता है
एक साधारण मस्तिष्क
जिसके भय, संशय,
आक्षेप और षड्यंत्र
मेरा पीछा ही नहीं छोड़ते

कितना कठिन है राम होना!
धैर्य तो मेरा भी डिगता है
क्रोध तो मुझे भी आता है
हे मनुष्य
कितना अन्याय है
तुम्हारे संसार में
यहाँ तो देर भी है
और अंधेर भी।

टुकड़े

छोटी-सी बात है
किसी ने फेंके
किसी ने उठाए
टुकड़ों पर पली
टुकड़ों की जमात है!
टुकड़ों की दलाली की
टुकड़ों ने गवाही दी
टुकड़ों के गुनाहों की
टुकड़ों ने सफ़ाई दी
टुकड़ों की साज़िश में
टुकड़े जुड़ जाते हैं
कर्कश टकराहट में
बोलते चिल्लाते हैं।
ज़र्रों की ख़ामोशी को
कमज़ोरी मत समझो
जिन टुकड़ों ने तुमको पाला

उन टुकड़ों की औक़ात नहीं
हर ज़र्रा जुड़कर गरज रहा
यह इतनी छोटी बात नहीं!!

उड़ान

सीखी थी मैंने भी
बचपन में
एक सीधे सपाट
हल्के-से पन्ने को
तोड़-मोड़ कर
हवा में उड़ाने की कला!
ख़ुश होते हैं बच्चे
जब उड़ते हैं उनके ख़्वाब
ख़ुशी को, ख़्वाब को
देने को तो था
पूरा, फैला, खुला आसमान
मगर उसमें देर तक
कैसे उड़ाता
अपना फड़फड़ाता फ़रेब
कुछ पल लहराकर
मेरे कमरे की दीवारों

से ही टकराकर
गिर जाता था
मेरा काग़ज़ का जहाज़!

प्रहसन

एक दिन अचानक बैठे-बैठे
यह ख़याल आया
कि चलो खेलें खेल—
काँपने का,
चिल्लाने का,
करें अभ्यास!

मंच पर करें अँधेरा
आँखों को मींचें
अपने मुँह को अपने ही
हाथों से कर दें बन्द
और फुसफुसाएँ
ज़ोर-ज़ोर से—
जमा कर लें
कुछ ढोल-ताशे, तमाशबीन
जो डमरू बजाकर
नाचकर, गाकर

करें हमारे नाटक
का ज़ोरदार मंचन

आओ
मंच पर चढ़ जाएँ
रटे हुए लफ़्ज़ दोहराएँ
मुँह बनाएँ
हाथों को झटकें
काँपें, चिल्लाएँ
ख़ामोश हो जाएँ!

तालियों की चाह है
और चाहिए
एक सूत्रधार
जो हमें बताए
दूसरों को समझाए
कि हम डरे हुए हैं
कि लगा है हमारी
ज़बान पर ताला
कि किसी ने लगाया है
हमारी अज़ीम सोच
हमारे ख़्वाब पर पहरा

क्या फ़र्क़ पड़ता है
इससे कि
हम जहाँ-तहाँ
जैसे चाहें
बोलें, बकें, थूकें

हमारी आज़ादी की हदें
हम ही करेंगे तय
और अगर हमें लगेगा
कि हमको लगना चाहिए भय
तो लगेगा
खेल ही तो है
पहले भी लगाया है
फिर लगा देंगे
दाँव पर सच को

बहुत बार
परदे पर उतारा है
अपना हुनर
किरदार में उतर जाता हूँ
बदला हुआ ज़माना है
शाह हूँ, पर डर जाता हूँ!

मंथन

घरघरा उठा था
सम्भावनाओं का सागर
देव-अदेव ने
सत्ता-संघर्ष में
मथ डाला था
अपनी अभिलाषाओं
का समुद्र।
कितनी प्यासी थी
उनकी रसना
अमृत की एक बूँद के लिए!

अमृत के उस एक घट की
चाह में क्या-क्या नहीं मिला
मगर जब निकला
प्राणों को निस्पंद
कर देने वाला
काल सदृश काला विष

तब रुक गया था मंथन
रुद्ध हो गयी थीं साँसें!

जिन्हें सुख, सत्ता
वैभव और ऐश्वर्य
की थी आदत
उनसे कहाँ और कैसे
सँभल सकता था हलाहल!
अमृत के घट के लिए
मोहिनी के नृत्य के लिए
तो सब रहते हैं
लालायित—

मगर विष के लिए
तो सत्य, त्याग और तपस्या
का नीलकंठ ही चाहिए
जो विष का पान भी करे
अमृत पान करने भी दे
अपने भीतर के सच की
आँच से दमके भी ना
और अपने त्याग के
तेज से भयभीत भी ना करे!

समझ में आती है
सुर-असुर की पीड़ा
उनका दंश!
अपना लालच, अपनी क्षुद्रता
उन्हें उतनी नहीं खलती

खलते हैं
उस तपस्वी की
ग्रीवा में
दमकते
उनकी अपनी आत्मा
के फफोले!

ठोकर

हर बार
जब लगती है
ठोकर
सुनाई देता है
चारों ओर
गूँजता
अट्टहास—
ज़मीन पर
लड़खड़ाते
गिरते
सँभलते
जब देखता हूँ
पाँव से
टपकती
ख़ून की बूँद
सच, उस वक़्त
चलने की,

बढ़ने की
दौड़ने की
और भी
पक्की हो जाती
है ज़िद!

सत्य की सिसकी

कभी-कभी हो जाता है
व्यथित
निराश और निरुपाय—
सुनकर
लालच का शोर
देखकर
स्वार्थ का भद्दा स्वाँग!

सोचता है—
क्या वाक़ई
रहना चाहिए उसे ही
शान्त, संयत, गम्भीर
क्या नहीं मान लेंगे सब
उसके मौन को
उसका अपराध!
लालच और झूठ के
उस शोर में

गूँज उठती है
सत्य की सिसकी!

पलक झपकते ही
जमा हो जाते हैं
अनगिनत
गिद्ध और शृगाल।
देखकर उनके
फड़फड़ाते भारी पंख
उनकी लपलपाती जीभ
सहम उठता है
सत्य का संयम।
उस समय वह
चुपचाप
बुदबुदा लेता है
एक तन्मय प्रार्थना!

सुनी है मैंने भी
कई बार
ऐसी ही सिसकी
दोहराया है
अस्पष्ट-सा कोई श्लोक
उस गहन, विकराल रात्रि में
देखा है मगर
चीर कर तम को
तमतमाता
विजय रथ पर चमकता आलोक
जिसकी निश्छल आँच में

फिर से गमक उठा है
सहमे हुए
सच का स्वर
उसका गान!

दौड़

नज़र आता है तुम्हें
मेरा तेज़ भागना
मेरे सरपट दौड़ते,
उड़ते से क़दम
तुम्हें लगता है
कि किसी दौड़ में हूँ
कुछ पाना है मुझे,
कहीं पहुँचना है
मेरी बेसब्री,
मेरी बेताबी
खलती है तुम्हें!

दौड़ते वक़्त
जब दूर टिकी होती है
मेरी नज़र, तुम्हें दिखता है
मेरी आँखों में ग़रूर
नहीं दिखता है शायद

उन सपनों का अंगार
जिनकी भभकती आँच
ने सुस्ताने नहीं दिया
न पाँवों को
न साँसों को!
दौड़ते वक़्त
जब तीर-सी होती है
मेरी चाल
किसी अलभ्य लक्ष्य
को भेदने को तत्पर
तब दिखती है
तुम्हें चारों ओर
चमकती ईर्ष्या
पर नहीं दिखता है
मेरा खौलता संकल्प।

मैं दौड़ा ही
कहाँ था
तुम्हें दिखाने को
मेरी दौड़
न तुम्हें दिखाने के लिए है
न किसी और को
न किसी को रौंदने के लिए
न किसी को पीछे
छोड़ने के लिए
अकेले भी होता
तो भी ऐसे ही दौड़ता
तेज़, अनवरत
बहुत दूर से आती है
मेरी प्रेरणा!

दीप बनूँ, गीत बनूँ

मिट्टी ने गलकर, साँचे में
जब आँच सही, तब दीप बना
शब्दों से सच के आँसू में
जब स्वप्न हँसा, तब गीत बना।
मैं गलकर ले लूँ रूप नया
मिटकर बनने की आशा है
मैं दीप बनूँ, मैं गीत बनूँ
बस इतनी-सी अभिलाषा है।

मेरी मिट्टी भी, पल-पल में
मिटती, पर गीत सुना जाती,
कुछ सपनों की, कुछ अपनों की
अव्यक्त कहानी दुहराती।
क्षणभंगुर माया, जीवन में,
अमरत्व प्राप्ति की चाह नहीं,
अविरत सुर ज्योति जगाने में
मर मिटने की परवाह नहीं।

मैं रहूँ यहाँ तो दीप बनूँ, मैं मिटूँ
तो मिट कर दीप बनूँ
मैं ऊष्म साँस की सरगम संग, ठंडे
अधरों का गीत बनूँ।
मैं क्लांत, विवश, सहमे कोनों को
जगमग, ज्योतित कर जाऊँ
मैं जीवन जीकर दिखलाऊँ
मैं मिटकर जीवन बन जाऊँ!

चूहेदानियाँ

क़िले की दीवारें होती हैं मज़बूत
मगर नज़र नहीं आते
दीवारों के बीच के अँधेरे कोने—
जिनमें सूराख बना देते हैं
अपने पैने लालच और स्वार्थ से
महल में छुपकर पल रहे कुछ चूहे!

दीवार पर तोप,
दरवाज़े पर सैनिक
तो ठीक हैं
मगर साथ में चाहिए
कुछ चूहेदानियाँ!

सुभाष

आज़ादी के दीवाने कुछ,
सर में बाँधे कफ़न चले
लाल क़िले की ओर कभी
जो मिला क़दम-से-क़दम चले
एक साध, विश्वास एक,
कि ख़ून दिया, आज़ादी लेंगे
अपने सपनों को मुसकाते
देखेंगे इस गगन तले
जिसमें सूरज अपना चमके,
अपनी अवनी को चमकाए
जिसमें मुक्त तिरंगा अपना,
खुलकर, सुन्दर लहराए।
आज़ादी के दीवानों में
ऐसा भी दीवाना था
जिसने केवल देशप्रेम का
सीखा एक तराना था
जिसकी साँसें रहीं समर्पित

मात्र राष्ट्र के हित में ही
जिसका जीवन ध्येय यही
कि भारत श्रेष्ठ बनाना था
कैसा है दुर्भाग्य देश का,
जो यश का अधिकारी था
उसे मिले गुमनाम, अँधेरा,
जो चंदा चिंगारी था।

साक्ष्य

असहाय दशरथ
रूठी कैकेयी से
बार-बार,
फूट-फूट कर
रोते हुए,
करते रहे थे विनती!
मगर फिर भी
मंथरा का षड्यंत्र ही
त्रेता में भी जीता!

पिता के वचन
और कुल की मर्यादा
के लिए
अयोध्या छोड़ना
स्वीकार
कर लिया था राम ने।
त्रेता था

वनवास काटकर
संघर्षों में तपकर
युद्ध में जीतकर
फिर लौटे थे राम
अपनी अयोध्या में।

सारी माया संसार की है
जब तक ईश्वर मानो
स्वर्ग में दूर
विराट स्वरूप में
चमकते-दमकते देखो
तो श्रद्धा और भय
होता है
वही ईश्वर
मानव रूप में आ जाए
तो अपने घर से
निकाल दिया जाए
दोषी
कटघरे में
खड़ा
अपने ईश्वर होने का साक्ष्य दे!

झूठ का शोर

कई बार झूठ
चिल्लाया है
गला फाड़ कर
कुछ तोड़ कर
कुछ मरोड़ कर।
कभी आरोप के
आक्रोश में
कभी आक्षेप के
आलाप में।
कभी कर्कश शोर में
कभी सरगम की
तान में।
झूठ केवल
चिल्लाता ही नहीं
कभी-कभी
आता है दबे पाँव
दिखाई नहीं देता

सुनाई भी नहीं देता
उमस की तरह।

आए कैसे भी
छुपते-छिपाते
या नगाड़े बजाते
आता मक़सद
से ही है
उसे तो दबानी होती
है हर हाल में
सच की आवाज़
घोंटना होता है
उसका गला
रौंदना होता है
उसका हौसला,
उसका विश्वास!

ऐसे ही एक और झूठ को
उड़ते देखा है
भिनभिनाते हुए
दाँतों को किटकिटाते
इस फ़िराक़ में
कि छोड़ दे ज़हर के
बुलबुले
और जमा दे
खौलता हुआ ख़ून
ग़ुस्से में है सच
इस बार ज़रूर
टूटेगा झूठ का ग़रूर!

आँधी

कल आई थी
घूमती
घरघराती
गुर्राती
एक बर्फ़ीली आँधी
पूरी ताक़त
झोंक दी उसने
घोंसले
गिराने में

आज सुबह
कोने में
दुबके सहमे
ख़ामोश बैठे हैं बच्चे
और बर्फ़ में
जमी हुई चिड़िया
खाल उधड़ी

पंख बिखरे
आँख खुली
चोंच में फिर भी
थामे हुए
तिनके—
डाल पर
आधा सधा
आधा गिरा
झूलता है
घोंसला!

कितनी विकराल
थी रात
कितना सहमा
है सवेरा!!

पैरों के पंख

पैरों में हैं पंख तुम्हारे
पंखों में हैं स्वप्न हमारे।

बाधाओं को पार किया है
काँटों से श्रृंगार किया है
अपने सपनों को पाने को
आँखों में अंगार लिया है।
दूर क्षितिज पर नज़र जमाए
दौड़ रहे हैं स्वप्न तुम्हारे
पैरों में हैं पंख तुम्हारे!

सने हुए थे पाँव धूल में
धँसे डगर के पंक शूल में
सींच रहे थे स्वेद कणों से
युग की आशा, स्वर्ण फूल ये
छिले हुए नन्हें तलवे ही

लिखते हैं इतिहास तुम्हारे
पैरों में हैं पंख तुम्हारे।

आज निमंत्रण नभ से आया
तारों ने है तुम्हें बुलाया
उड़ना ही है नियति तुम्हारी
उड़कर तुमने हमें दिखाया
तारों को कंधों पर लेकर
लौटेंगे ये पंख तुम्हारे
पंखों में हैं स्वप्न हमारे।

मेरी भी तो उँगली थामो

मेरी भी तो उँगली थामो, मुझको भी तो राह दिखाओ
मेरे मन में भी दुविधा है, मुझको गीता ज्ञान सिखाओ!

मैंने माना पार्थ नहीं हूँ, सबल नहीं हूँ, रथी नहीं हूँ,
हाथों में गांडीव लिये मैं, कुरुक्षेत्र में खड़ा नहीं हूँ।
फिर भी मेरा अपना रण है, छोटा-सा पर रण तो है
अपना नन्हा धनुष लिए ही डटा हुआ हूँ, अड़ा यहीं हूँ।
मेरा भी तो रथ दौड़ाओ, मुझको भी तो विजयी बनाओ
मेरी भी तो उँगली थामो, मुझको भी तो राह दिखाओ।

मैंने माना मुरली के सम्मोहन में मैं कुछ न भूला
फँसा रहा मैं अपने सपने, अपने अपनों की माया में।
अपनी धुन में लगा रहा पर गोविंदम को भजा नहीं
उसको देखा मन्दिर में ही सुन्दर, नीली काया में।
फिर भी जाने कैसे, कब, क्यों पद-अरविंदम गिनता हूँ,
उँगली पकड़ो या न पकड़ो, पीछे-पीछे चलता हूँ।

मेरे सब अवरोध तुम्हारे, मेरे सब अपराध तुम्हारे
मैंने माना तुम्हें सखा है, तुम भी मुझको सखा बुलाओ
मेरी भी तो उँगली थामो, मुझको भी तो राह दिखाओ!

अटल संकल्प

काल के भाल पर
वक़्त की चाल पर
हँसता सितारा है, गूँगा अँधियारा है!
अवनी को छोड़कर
धारा को मोड़कर
घुलता किनारा है, चलता शिकारा है!

पसरा सन्नाटा है
गूँज लौट आता है
खोया शरारा है, शोक का कारा है
हृदय की पीर को
अश्रु के नीर को
तुमने उकारा है, स्मृति ही सहारा है!

गीतों के बोल में
ताशों में, ढोल में

लय में पुकारा है, सबका दुलारा है।
कविता के छंद में
गीता के द्वंद्व में
ज्ञान की धारा में, सूरज उतारा है!

सपने

अम्बर ने फैलाई बाँहें
हमने भी नापी हैं राहें
ऊँचे उठकर, अन्तरिक्ष में
अपने ध्वज को अब फहराएँ।
नवयुग के नवगीत सुनाएँ

आँखें देख रही हैं सपना
इस धुन को है अविरत जपना
नव आशा से अनुप्राणित हो
सुन्दर सक्षम देश यह अपना
हर मन में विश्वास जगाएँ
नव युग के नव गीत सुनाएँ!

भूख, ग़रीबी औ' लाचारी
इनकी जाने की तैयारी
बेबस, सिकुड़े, अंधे कोनों
पर दीपक की ज्योति है भारी

बुझा हुआ हर दीप जलाएँ
नव युग के नव गीत सुनाएँ!

बड़े व्यग्र हैं सपने मेरे
कितने भी हों क्रूर अँधेरे
अंधकार की गहन गुफा से
निकलेंगे अब नए सवेरे
उसकी आभा को बिखराएँ
नव युग के नव गीत सुनाएँ!

अपाहिज

बैसाखी ढूँढ़ती नज़र आती है
तुम्हारी चीख़ों की
तुम्हारे शोर, तुम्हारे ग़ुस्से की—
पहले ऐसा नहीं था
ख़ुद जगती थी, ख़ुद उठती थी
आँखों में विश्वास की चमक थी

अब तो पड़ी रहती है गठरी-सी
किसी अँधेरी कोठरी में
सुस्त, निस्तेज, असहाय
कोई उठाए तो, उठे
कोई जगाए तो, जगे
कोई चिल्लाए, तो उसमें
मिला दे अपना दबा स्वर!

अफ़सोस है
अपाहिज हो गयी है मेरी संवेदना!

समाजवाद

कोशिश तो की
कि अपनी लालसा
के महल से
मिटा दें
सारे अवशेष
उन स्मृतियों के
जिनमें मचलती हो
हमारी तृष्णा
बहुत खोदा
सब उखाड़ा
फिर भी बहुत कुछ
वहीं रह गया
सच, बड़ी गहरी हैं
जड़ें समाजवाद की!!

माचिस की तीली

बड़ा अँधेरा था
माचिस की तीली ने
खायी थी क़सम
मशालें जलाने की!
धूल-भरी आँधियों में
जकड़ा है आकाश
अँधेरा गहराया है
मगर सीली तीलियाँ
अपनी नाकामी से
झल्लाईं
बिखरी हुई हैं
धूप में तपतीं
तो ज़रूर जलतीं
मगर ओस में भीगकर
रात को कोसकर
क्रांति पैर पसारे सोयी है

ख़ुद-ब-ख़ुद निपटेंगे अँधेरे
माचिस को दुनियादारी
भायी है!

अंकों का खेल

बड़ा कठिन है अंकों का खेल—
फँस जाता हूँ क्रम में
कभी चढ़ते, कभी उतरते
इतना ही होता तो भी सरल था
मगर यहाँ तो सोचना होता है
किसके आगे जुड़ने से होगा लाभ
किसके पीछे पड़ने से बनेगा काम!

गुणा-भाग करते-करते
कभी बहुत बड़ा हो जाता है मेरा अहम
और कभी छोटे-छोटे टुकड़ों में
बँट जाती है मेरी इकाई
जोड़-तोड़ के संघर्ष में
जुड़ता कम है, घटता ज़्यादा
बड़ा कठिन है अंकों का खेल।

तूफ़ान

हवाओं की आदत है
तेज़ बहती हैं कभी
कभी लेकर आती हैं तूफ़ान
उड़ा ले जाती हैं
पेड़ और मकान
फैलातीं हैं चारों ओर धूल
करती हैं नुक़सान!

कुछ लोगों को पसन्द हैं
ऐसी तेज़ हवाएँ
वो बीन लेते हैं जाकर
तूफ़ान थमने के बाद
ज़मीन पर
गिरे हुए आम
ठीक ही है,
जो उगा नहीं सकते
उन्हें भी हक़ है

रस पर
हवाओं की आड़ में!

अब लगता है फिर जैसे
बाज़ार में कम हो गए हैं थैले
निकल कर आए हैं लोग
खड़े हो गए हैं पेड़ के नीचे
हवाओं के तेज़ होने
की लिये कुटिल प्रत्याशा

हड़बड़ी में मगर
भूल गए हैं सारे नियम
फल उठाने होते हैं झुक कर
तूफ़ान थमने के बाद
और बरसों से साधना में लीन
बरगद से कुछ पेड़
तो आँधियों में भी
रहते हैं अविचल!

आम की बात छोड़िए
ख़ुद को सम्भालिए
कहीं आप ही न उड़ जाएँ
इस तूफ़ान में!

दीमक

जहाँ देखो
छत पर, दीवार पर
चढ़ी है, फैली हुई
दीमक
हर बार, खुरच-खुरच
करते हैं इसको दूर
छिपाते हैं उभर आई
पपड़ियाँ
रँगवाते हैं दीवार

अफ़सोस से देखते हैं
कुतरी हुई किताबें
उदास अलमारियाँ
होता है नुक़सान
बहुत नुक़सान

मगर करें तो करें क्या
ज़िद्दी हैं ये दीमक
बहुत सीलन है
नींव तक नमी है!
तब तक उगतीं
और उठती रहेंगी
जब तक खोदकर
गहराइयों में
जला नहीं देते
एक नई अलख—
जिसकी आँच में
मिट्टी का कण-कण
गमकने लगे
नई लौ में
नई ख़ुशबू में!

एक जंगल था

एक जंगल था—बड़ा, घना—
और उसमें रहते थे
तरह-तरह के जानवर
छोटे-बड़े,
शान्त, आक्रामक
कोई घास में दुबका
कोई पेड़ पर लटका
कोई ज़मीन के अन्दर धँसा
कोई नदी में तैरता
कोई आसमान में उड़ता—
अपनी-अपनी प्रकृति
के अनुरूप
अपनी-अपनी सत्ता
को सँभाले
रहते थे उसी जंगल में!

एक बार की बात है
जंगल में बढ़ने लगा
नदी के पानी का स्तर
मँडराने लगा बाढ़ का ख़तरा
डूब जाने का डर
इसलिए निकलकर
आए थे सब
माथे पर चिन्ता की लकीरें
आवाज़ में कल की फ़िक्र
दोहराते अस्तित्व के सवाल
दुस्साहसी नदी—
क्या बहा ले जाएगी
हमको, हमारे बिलों को
हमारी घास को
हमारी टहनियों को!

अच्छा होगा हम सब उठकर
चले जाएँ एक ऊँचे टीले पर

पसन्द आया सबको यह सुझाव
और सब जमा भी हो गए
मुश्किल यह थी कि
वहाँ न घास के अन्दर
रेंगने की सुविधा थी
न टहनियों पर कूदने की स्वतंत्रता
सब के सब एक धरातल पर थे

भूख का सवाल मुँह बाए खड़ा था
न घास थी, न फल, न कीड़े
भूख का सवाल था
सब देखने लगे एक दूसरे को
नज़र में फेर था
मौक़ा मिला तो भूख तो मिटा ही लेंगे
फिर कभी निपटेंगे
बाढ़ के डर से
कल की चिन्ता से
एक जंगल था...

तुम्हारे उचके हुए पाँव

बिना आहट किए
पंजों को उचकाए
अपनी मुस्कान दबाए
जैसे कभी-कभी
तुम पीछे से आकर
कर देती हो मेरी आँखें बन्द
खिलखिलाकर सहलाती हो
मेरी थकी, बोझिल पलकें
बड़ी देर तक गमकता है
तुम्हारी नर्म ख़ुशबू
का अहसास।

कितनी ही बार
उबली है, मचली है
घरघराकर
मुँह बाए
शोर मचाती-सी लहर

उन निशानों को
निगल जाने के लिए
उन निशानों को...

लौट जाती है लहर
ख़ाली हाथ
हताश निराश
क्योंकि बड़े गहरे धँसे हैं
मेरे पलकों की रेत पर
तुम्हारे रेशमी ख़्वाब
तुम्हारे उचके हुए पाँव!

चुपके से

कल रात छोड़ आया था
चुपके से तुम्हारे सिरहाने
एक नन्हा-सा सूरज
छोटा-सा था, प्यारा-सा
लाल, गुलाबी
तुम्हें ख़बर भी नहीं हुई थी
लौट आया था मैं दबे पाँव
रखकर वह सूरज
तुम्हारे पास

सूरज भी कैसे सिमट गया था
तुम्हारे पहलू में
कैसे चुपचाप मूँद ली थीं
उसने भी अपनी पलकें
और डूब गया था
तुम्हारे ही ख़्वाब में
आज जब अँगड़ाई ली थी तुमने

और खिल कर
बिखरा था सवेरा
तो सूरज को आया था याद
मेरा आना, मेरा जाना
मगर तुम्हें फिर भी
नहीं चला था पता
नहीं हुई थी ख़बर!

आवाज़

बचपन में
चाँदी की चम्मच से
हमने भी चखा होता
मीठा शहद
तो हमारी आवाज़ भी
मीठी ही होती
चिपके हुए होते
हमारे भी होंठ
गाढ़ी मिठास में
धीमे-से मुस्कुराते
हल्के-से हँसते
धीरे-से बोलते!
मगर क्या करें
जब आँख खुली
भूख लगी
और भूख की बिलबिलाहट
में ज़ोर से चिल्लाए

तो किसी ने झिड़का
किसी ने डाँटकर
चुप कराया
मिट्टी के कुल्हड़ से
पानी पिलाया

जब चख रहे थे
तुम शहद का क़तरा-क़तरा
उस वक़्त हम पी रहे थे
अपनी भूख
अपनी बेबसी
अपना अपमान
अभी तक जल रहा है गला
ख़राशें ताज़ी हैं
उनसे छनकर निकलती है
हमारी खरी आवाज़
जो तुम्हें कर्कश लगती है!

न तुम थकोगे न थकेगा वो

ताज्जुब है कि
थकते नहीं तुम्हारे हाथ
उन्हें आदत-सी हो गयी है
रोज़ फेंकने की—
कभी शब्दों के तीर,
कभी तंज़ के पत्थर!

ग़ुस्से में दाँत पीसते
कोफ़्त में बड़बड़ाते
तुम उसके
बढ़ते क़दमों से
घबराकर,
उन्हें रोकने
हर रात रास्ते में
बिखेर देते हो,
ईर्ष्या और हताशा
के काँटे।

तुम जानते हो
कि कल सवेरे
वो फिर निकलेगा
नंगे पाँव
सूरज को कंधे पर उठाने !

तुम्हारे टेढ़े,
तिरछे होंठों को है
इंतज़ार
उसके चोटिल पंजों का
मगर तुम्हारी साज़िश
से ज़्यादा पैनी है
उसके इरादों की नज़र!

उसने सीखा है
तलवार की धार
पर चलना,
उसके ख़ून की धार
रखती है रोज़ नयी लीक

हर बार दिख जाते हैं उसे
बिखरे हुए काँटे
और वो झुक के
बीन लेता हैं उन्हें
उनको भी उठा कर
अपने कंधे पर
बढ़ जाता है फिर

सूरज को थामने
छोड़ता हुआ
वक़्त की रेत पर
अपने पैरों के निशान।

केंचुआ

तुमने उम्मीद अगर पाली
तो ग़लती तुम्हारी थी—
वो खड़ा हो ही नहीं सकता
उसकी फ़ितरत है रेंगना

उसके पास चिकनी
चमकीली काया है
जिन पर धारियाँ हैं अनेक
वो चलता है
मिट्टी में धँसकर,
मिट्टी में मिलकर
और तुम हो
कि उससे उम्मीद करते थे
कि वो चलेगा
सीधा सर उठाकर!

ग़लती तुम्हारी है
उस बेचारे की तो रीढ़ ही नहीं

इसलिए रीढ़ को सीधा रखना
उसके बल सीधा चलना
ऐसी उसकी कोई मजबूरी नहीं

वो बहुत ख़ुश है,
ज़मीन पर रेंगकर
छोड़ता है मिट्टी में
अपनी चिपचिपाहट
और लिपटा रहता है
अपनी मजबूरी की धूल में।

तुम भी कैसी ग़लतफ़हमी
पाल बैठे थे-
तुमने कैसे सोच लिया था
सीधा चलेगा
सर उठाए,
गुर्राएगा, ललकारेगा
कुछ बड़ा करेगा
छोड़ जाएगा अपने क़दमों
के निशान

केंचुए के दर्द को समझो
उसे मर्द मत समझो दोस्त!

करुणा की बलि

हर बार
सिर झुकाए,
नज़रें चुराये
तेज़ क़दमों से
करता हूँ परिक्रमा-
डरता हूँ कहीं
फिर न दिख
जाएँ उसकी सूनी,
सहमी, भीगी आँखें!
पार कर जाना
चाहता हूँ
बहुत जल्दी
इस जगह को-

जहाँ रोज़
उसकी गर्दन पर
गिरती है

मेरे संकल्प,
मेरी साधना
की धार!

अपने कानों पर
रखे हाथ,
आत्मा पर
सम्भाले हुए
परम्परा का भार-
जल्दी-जल्दी,
पंजों के बल
बढ़ता हूँ,
कहीं पैरों में
ग्लानि की बेड़ी
न पहना दें
उसके ख़ून
के निशान!

एक बार
अनजाने में
देखा था
इसी चबूतरे पर
उसे ठहर कर-
झाँका था
उसकी आँखों के
विवश समर्पण में-
उसकी तरल वेदना,
चीख़ती छटपटाहट में!

उन्हीं आँखों में
उलझी, साँस रोके
दम तोड़ रही थी
मेरी करुणा, और
चेतना के गर्भ गृह में
पिघल रहे थे
ममता के आँसू।

डर का डिंडोरा

तुम अपने डर का
पीटो डिंडोरा
अपने अँधेरों का
करो कीर्तन
हम बजाएँगे बाँसुरी
अपने विश्वास की
और करेंगे साधना
प्रकाश की!

तुम युद्ध का
राग अलापो
हम गीत गाएँगे
शान्ति के
और माँगेंगे
बुद्ध से
तुम्हारे लिए भी
सदबुद्धि!

सफ़ेद कबूतर

जमा किए थे कितनों ने
कितने ढेर सारे कबूतर-
सफ़ेद, कोमल, दुबके
पंख खींचे, आँख मींचे-
एक दूसरे से सटे, सिमटे
शान्त बैठे, शान्ति, मैत्री
विश्व बंधुत्व के प्रतीक
सफ़ेद, कोमल कबूतर!

सोचा था, पहले भी उड़े हैं
आगे भी उड़ेंगे, नीले फैले
आसमान में पर फैलाए
उड़ते ही उनके, फैल
जाएगी चारों ओर शान्ति

उनकी उड़ान से भटकेगी
शत्रु की दृष्टि, पिघलेगा हृदय

भूल जाएगा वैर,
छोड़ देगा बन्दूक़, लगा लेगा गले।

पर्वतों पर घाटियों में, मैदानों में
यहाँ तक कि सागर और रेगिस्तानों में
खिल उठेंगे दोस्ती के गुलाब
और घुल जाएगी चारों ओर
अमन चैन की ख़ुशबू!

कोफ़्त है उन्हें जिनके पास
बोरों में जमा थे कबूतर
बिना काम के, बिना नाम के
अब वे भी हो गए हैं निराश
हताशा में करते हैं दिन रात
ज़ोर ज़ोर से गुटरगूँ
अब कहाँ मिलेगा मौक़ा
बनने का शान्तिदूत
ऊपर से दाने-दाने को
हो गए हैं मोहताज
क्योंकि अब रस्मदायगी में
नहीं उड़ाए जाते कबूतर!

अब तो सुनता है आकाश
ज़ोर से गूँजती हमारी आवाज़
ललकार नहीं, चुनौती नहीं
सिर्फ़ विश्वास के स्वर

हम तारों से चुन कर
ले आए हैं अपनी रोशनी

हम ख़ुद उगाने चले हैं
अपनी फूलों की घाटी
जिनमें खिंची चली आएँगी
तरह-तरह की रंग-बिरंगी तितलियाँ
जो बिना जलसे के शोर के
बजाएँगी शान्ति और प्रगति की तालियाँ
भारी पड़ेगी उनकी नन्ही उड़ान
कबूतर के पंखों पर!

बड़े अफ़सोस से ताकते हैं आकाश
कबूतर पालने वाले
अब नहीं दिखती उन्हें उनकी
अमन की आशा!

निराशा में झिड़कते हैं ख़ुद को
खीझ कर झाड़ते हैं
अपनी ही आस्तीनें!!

ओस की थपकी

पूरी भरी हुई थी गठरी
बहुत कुछ था उसमें
सघन, वजनी, मूल्यवान—
उसे उठाए, चलते, बढ़ते
कंधे दुखने से लगे थे,
पाँव थकने से लगे थे,
रास्ते बिखर गए थे
और मंज़िल रूठ गयी थी
आँखों के आगे छा गया था
गहरा, काला अंधकार

उलझ गया था मैं, कल
निराशा के उस मोड़ पर
जहाँ नीरवता निगल
लेती है साहस और संकल्प
बहुत भारी थी रात।

रात-भर उस गठरी को सम्भाले
एक पेड़ के तने को थामे
आँख खोले, झींगुरों की ध्वनि
का पीछा करते करते
कभी भय को भूलते
कभी भय में झूलते
एक-एक पल गिनते
उनके दंश को सहते
काट दी थी रात

रात जो बहुत काली
बहुत अकेली,
बहुत भारी थी।

सुबह देखा
रास्ते फिर भी बिखरे थे
मगर पहचानी हुई
एक पगडंडी का इशारा था

आकाश हल्का-सा गुलाबी था
पलकों पर ओस की थपकी थी
पैरों में बढ़ने की ललक थी
गठरी उठाने बढ़ा तो देखा—

जिस बड़े से पेड़ की छाया में
मैंने अपने सपने फिर बोए थे
उसी की पत्ती से टपकी थी ओस
उसी की शाख़ों ने
थामी हुई थी मेरी गठरी!

सपनों का तिरंगा

आज रात हम उतरेंगे इक लिये तिरंगा सपनों का
आज चाँद पर तीन रंग की आभा ख़ूब बिखेरेंगे।

हाथों में समिधा को लेकर
मंत्रों का उच्चारण करके
छोड़ दिया है तेज़ तीर-सा
अश्व यज्ञ का अम्बर में,
देखें किसमें साहस इतना
जो इसके पथ को अब रोके
इसकी गति के लिए गूँजती
मौन प्रार्थना घर-घर में
जल थल की अब बात नहीं, हम अंतरिक्ष के कोनों में
इस तुरंग की टाप, थाप की ध्वनि का चित्र उकेरेंगे!

विश्वविजय का अश्व हमारा
तेज़ चौकड़ी भरता है
अंतहीन काराओं को यह

पार निमिष में करता है
देखो इसकी दृष्टि टिकी है
पार समय की सीमा के
इन आँखों से छिटक बिखर
कर नया सवेरा झरता है।
उस कल की हम साध लिये हम आज रात ही निकले हैं
उस कल की किलकारी को हम आज रात ही सुन लेंगे

आज रात हम उतरेंगे इक लिये तिरंगा सपनों का
आज चाँद पर तीन रंग की आभा ख़ूब बिखेरेंगे!

पंखों का जोड़ा

एक दिन दौड़ते-दौड़ते
जब लगी थी
हल्की-सी ठोकर
और गिर पड़ा था
मैं ज़मीन पर—
हाथों में धूल थी
कोहनी में खरोंच थी
छिले हुए थे मेरे घुटने।

चोट के दर्द से
हार के अफ़सोस से
गिरने के अहसास से
आँखों से बहे जा
रहे थे आँसू।

मगर तुम्हारी आँखों
में चमक थी

और थे ढेर सारे सपने
अपने लिए नहीं, मेरे लिए

बिना तसल्ली दिए
बिना चोट सहलाए
बड़े विश्वास से तुमने
मुझे सौंप दिया था
पंखों का जोड़ा।

छिले हुए घुटने ही
आकाश लाँघ सकते हैं
यह विश्वास अगर नहीं देती
उस समय तुम्हारी
मुस्कुराहट
तो आज
न मैं सीधा चल पाता
न ऊँचा उड़ पाता

तुमने उँगली पकड़
कर चलना सिखाया
और कंधे हिलाकर उड़ना!

सागर

कितना फैला हुआ,
कितना ख़ामोश है
यह समुन्दर
अपने अंदर समेटे हुए है
असंख्य लहरों का संयम
उनकी व्याकुलता
उनका उछाल!

अपनी आत्मा में रोज़
उतारता है
सूरज की आभा
फिर भी अपनी गहराई
का यशोगान नहीं गाता
अपनी साँसों से ही क्षितिज
को नाप कर है आता
फिर भी लाँघता
नहीं है मर्यादा—

रात की ईर्ष्या से
चाँद के व्यंग्य से
कभी-कभी
उठता है,
तमतमा कर
उसके आत्मसम्मान
का उफान
उसके संयम, उसकी गहराई
में ही दबा होता है तूफ़ान।

सागर को बाँधना है अगर
अपने हृदय की सीमा में
तो फैलाओ,
बड़ा करो अपना सीना
सँकरे से कटोरे में
सागर नहीं समाता है
बहती आती नदियों को
उदारता से जो
अपने में मिलाता है
वही सागर कहलाता है—
जो शान्त है, गहरा है
फैला है, उदार है
वही सागर है
और सागर है
इसलिए तो
पोखर को, कुएँ को
बिल्कुल भी नहीं भाता है!

मासूम सवाल

हम कभी मिले नहीं
मगर बरसों से दोस्त
हो तुम मेरे
बैठ कर तुम्हारे साथ घंटों
अपनी मुट्ठी में
भरी है रेत,
बनाए हैं
ख़्वाबों के घरोंदे

याद है तुम्हें कैसे
बिछा दी थी हमने
एक दिन रात की चादर
और तुम लिये आए
थे बग़ल में दबाए
चाँद का तकिया—

फिर क्या था,
कितनी देर

खुली आँखों से
पहचाने थे हमने मिलकर
दूर छिटके हुए सितारे
उनके सौंधे ज़ख़्म
उनकी उजली ख़्वाहिश

जब लगी थी आँख
तो जल उठे थे
न जाने कितने
ख़्वाबों के दीये

सुबह उठे थे तो
बड़ी देर तक
जलती रहीं थीं आँखें
न चादर थी, न तकिया
न ख़्वाब, न सितारे

बस एक दिन था
उलझा हुआ
फिर यही पाँव थे
उड़ते हुए
फिर कोई राह थी
मुड़ती हुई
फिर कोई आँख थी
महकी हुई

ज़िंदगी फिर मुस्कुराने की
माँग रही थी इजाज़त

और हम थे कि
ढूँढ रहे थे
उसके मासूम सवालों के जवाब
हम कभी मिले नहीं
मगर तुम साथ रहे हो
उन तीखे, भभकते सवालों में
उनके अटके, भटके हुए जवाबों में।

शिल्पकार

हे शिल्पकार,
अपने हाथों से
तुमने कितनी निर्जीव शिलाओं में
डाली थी जान—
अपनी उँगलियों से छील कर
खुरदरे पत्थरों को, उन्हें
बना देते थे जीवंत
मुखर, सुस्मित और प्राणवान!

देखा था मैंने तुम्हें कितनी बार
सृजन की धुन में डूबे हुए
सपने बुनते, उनसे खेलते, उन्हें तराशते
उस समय तुम्हारे चेहरे पर होती थी
एक अलौकिक कान्ति—
रंगों से सने हुए तुम्हारे हाथ
ऐसे उड़ते, चलते थे

जैसे रंगों के रथ पर ही
आकाश पार करना हो!

आज तुम लेटे हो ख़ुद
ज़मीन पर पत्थर बनके
पत्थर-नीला-काला
तुम्हारे चेहरे पर लेकिन
अभी भी है वही
परिचित मुस्कान
तुम्हारी बंद आँखों में
रूप ले रही है शायद
एक और नयी मूर्ति!

थोड़ी दूर पर सजी हुई है
तुम्हारी अंतिम चित्रशाला
तुम्हारी प्रतीक्षा में—
रोके हुए हैं तुम्हारा प्रयाण
अभी भी कुछ सिसकियाँ।
कितना रंग भरा है
तुम्हारी शिराओं में
कि रंगी हुई है लाल रंग से
तुम्हारी सफ़ेद चादर!

काश कि तुम इस निर्जीव शिला में
भी डाल सकते जान
हे शिल्पकार!

घोड़ों का सौदागर

एक सौदागर है
अपने आप को घोड़ों का
बताता है जानकार—

कुछ दिनों से काबुल में है
करता है घोड़ों का कारोबार—
देखता है छू कर
सूँघ कर, टटोल कर
किस घोड़े में
कितना है दम,
कौन दौड़ेगा तेज़,
कौन जाएगा दूर,
किस पर लगाना है दाँव,
किसको खिलाना है दाना,
किसको कब
कहाँ है सजाना।

उसे लगता है
कि घोड़ों का काम
बस बाज़ार में है हिनहिनाना—
जिनसे जीती जाती घुड़दौड़
कमायी जाती हैं मुहरें,
जिन पर कभी बैठ कर
जलसे में होता है जाना
या जिन्हें करतब होता है दिखाना।
उसे पता ही नहीं
कि घोड़ों पर बैठ कर युद्ध
लड़े और जीते जाते हैं
ग़लती उसकी नहीं
वो योद्धा नहीं
व्यवसायी है।

कुछ घोड़े होते हैं अड़ियल
दौड़ते हैं अपनी मर्ज़ी
अपनी अदा से—
उन्हें बाँध नहीं सकती हैं
अशर्फ़ियों की खनक!
वो गुड़ चना खाकर दौड़ते हैं
उन पर बैठ नहीं सकता
कोई भी सौदागर, उठाईगीर
वो दूर से सूँघ लेते हैं
कौन है सुपात्र, कौन शूरवीर।

सौदागर अनजान है
नया-नया उतरा है

इस क्षेत्र में
इसलिए अक्सर पहचानने में
कर देता है भूल
गधे को घोड़ा, खच्चर को गधा
और घोड़े को समझ
लेता है खिलौना।

उसे इतना भी नहीं पता कि
शतरंज में जब होता है सजाना
तो रखना होता है काठ का टट्टू
जो चलता है खेलने वाले के
इशारे पर केवल ढाई चाल
असली नस्ली घोड़े
दौड़ते हैं मदमस्त
उनसे बिखर जाती है बिसात।

उजड़ा उपवन

इस बग़ीचे में
ढेर सारे माली हैं
जिनका काम है पेड़ लगाना
फूल उगाना।
बाग़ सजाने में
लगे हुए हैं सब
पूरी तन्मयता से!

सबने लगाए हैं
अपनी-अपनी रुचि के
अपनी-अपनी पसन्द के पेड़।
एक दूसरे के प्रति
इतना स्नेह है, इतना समर्पण
और विश्वास
कि कौन-सा पेड़
किसने लगाया है

इसकी परवाह किए बिना
पूरी निष्ठा से लगे हैं सब
उन्हें सींचने में।
धन्य है यह धरा
यह उपवन—
जिसके सौन्दर्यवर्धन
में निस्सवार्थ जुटे हैं सब।

ऐसी स्थिति में
बग़ीचा तो फलना-फूलना ही चाहिए
यह प्रत्याशा होना स्वाभाविक है—
लेकिन फिर भी
मुरझा क्यों रहे हैं?
गल क्यों रहे हैं, काले क्यों पड़ रहे हैं
सूख क्यों रहे हैं पेड़?

शान्त करने को अपना कौतुहल
जब देखा ध्यान से
उस पात्र को
जिससे सींच रहे थे
सब एक दूसरे के लगाए पेड़
उनमें पानी नहीं
तेज़ाब भरा था!

दूसरों की जड़ों को सींचने से
कहीं ज़्यादा आसान और
आनंददायक होता है

उन्हें खोदना, उखाड़ना
गला देना।

सब हँस रहे हैं उन्माद में
बग़ीचे की बदक़िस्मती है
वही रोएगा।

हस्तिनापुर की हार

शापग्रस्त पाण्डु की
जगह ही तो
सिंहासन ने विवशता में
चुना था धृतराष्ट्र!
कभी-कभी अचानक
ऐसे ही रच जाता है
समय का व्यूह और व्यंग्य!

नीति, न्याय, नीयत
अपनी आँखों पर पट्टी बाँधे
सिंहासन के अंधेपन को
अपनाते और सहलाते
धँसते जाते हैं
सत्ता, स्वार्थ और स्वाँग
के अंधे कुएँ में।

हस्तिनापुर का दुर्भाग्य,
उसका क्षोभ और कुंठा
है धृतराष्ट्र
समझो उसकी पीड़ा,
उसकी व्यथा
हस्तिनापुर हारा है हर बार
मोह से, महत्वाकांक्षा से
कभी आँख के कारे से
कभी आँख के तारे से !!

वनवास

अपने हृदय पर लिये हुए
अन्याय और बिछोह का भार
बहता आया है धीरे-धीरे
इस नदी का प्रवाह
युगों से बहती नदी
जिसके तटों ने कभी
नहीं तोड़ी अपनी मर्यादा
न प्रण की, न प्रतीक्षा की!

इसी के किनारे बसा हुआ है
यह शहर, जिसकी आँखें
एकान्त अँधेरे में डूबी, धँसी
करती रही हैं इन्तज़ार
अपनी प्राण चेतना का
उसी प्राण चेतना का
जिसे कर दिया था
निष्कासित गहरे षड्यंत्र ने

आज चमकी हैं वही आँखें
उन्हीं में जल उठे हैं
उमंग, आनन्द के दीये!

आज कलकल, गीत गाती है
नदी, जो कल तक थी उदास
सच, बड़ा लम्बा था वनवास!!

आगे चलना

मैं नहीं चाहता कि
तुम चलो मेरे पीछे-पीछे
चुपचाप, सर झुकाए
मुझे भेड़ हाँकना
अच्छा नहीं लगता।

मैं इसलिए आगे नहीं चलता
कि तुम्हें पीछे छोड़ जाऊँ
मैं चलता हूँ, मशाल थामे
इसलिए कि दूर का देखूँ
तुम्हें भी दिखाऊँ—
क्यूँकि आगे चलने का अर्थ है
रास्ता बनाना, रास्ता दिखाना
तुमको मंज़िल तक
सुरक्षित पहुँचाना।

मैं इसलिए आगे चलता हूँ
कि रास्ता भूल जाऊँ,
या लड़खड़ाऊँ
तो आलोचना की
पहली दृष्टि मुझ पर हो
रास्ते में मिलें दुश्मन या लुटेरे
तो तलवार का पहला वार
मैं ही झेलूँ।

मैं इसलिए आगे चलता हूँ
कि तुम्हें आगे बढ़ा सकूँ
तुम्हारे हौसलों की हुंकार
से उड़ने लगें हमारे सपने
और मेरी चुप्पी की गरज
आख़िरी क़तार में भी
तुम्हें तसल्ली दे।

मैं इसलिए आगे चलता हूँ
सीना ताने, सर उठाए
क्यूँकि मुझे शेरों को भी
साथ में लेकर
चलना आता है
मुझे उनके आगे बढ़ आने
का ख़ौफ़ नहीं सताता है
क्यूँकि मुझे चुपचाप पीछे
चले जाने का सुख
बहुत भाता है।

○○○